¡Ya estamos todos!

Ester Valls Martínez

Círculo Rojo
EDITORIAL

Ester Valls Martínez

Psicóloga perinatal, especialista en atención y acompañamiento en procesos de duelo.

A raíz de sus múltiples pérdidas gestacionales, busca con *¡Ya estamos todos!* dar visibilidad al duelo perinatal a través de las vivencias de las hermanas y hermanos de estos bebés que fallecieron antes o al poco de nacer.

¡Hola!

Me llamo Berta y tengo 5 años.

Dicen que soy muy alegre,

movida y divertida.

Tengo muchos amigos en el cole

aunque a veces nos peleemos.

Y me gustan mucho los animales:

tengo una gata y una perrita.

Para los bebés que no nos han podido acompañar.

Para las familias que los han perdido.

Para los hermanos y hermanas de corazón.

¡Estos son mis padres!

Nos lo pasamos muy bien:
jugamos y hacemos muchas cosas juntos.
Aunque hace tiempo que les pido un hermanito
o hermanita con quien también poder jugar.
En mi clase hay muchos compañeros
que tienen y yo también quiero.

Hoy papá y mamá me han enseñado una fotografía muy rara...
Sin colores y con formas que no sé qué son.

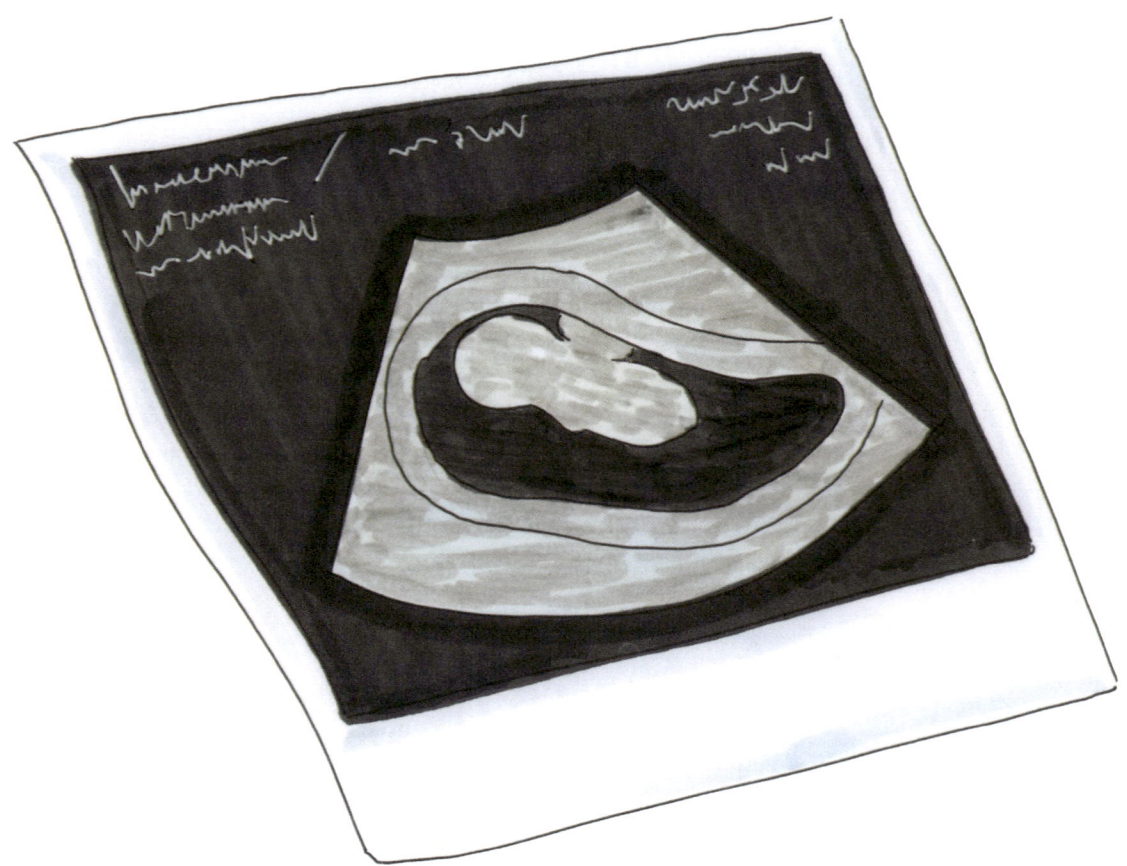

Yo no sé dónde lo ven, pero me han dicho:

«¡¡¡Vamos a tener un bebé!!!».

Si ellos lo dicen, me lo creeré.

¡Estoy muy contenta!

¡¡¡Pronto seré la hermana mayor!!!

Me gustaría que fuera niña,

pero si es niño, le querré igual.

Me gusta mucho imaginar todo lo que haremos cuando nazca...

comer las golosinas de la abuela

jugar

hacer castillos de arena

nadar en la piscina

ir en bicicleta

ver mis dibujos favoritos

dibujar y pintar

Poco a poco,
a mamá le ha ido
creciendo la barriga.

¡Últimamente la tiene
muuuy grande!
Tanto que no puedo
cogerla toda cuando
le doy un abrazo.

¡Parece que mi hermano ha decidido nacer!

¡Pero vaya horas ha escogido!
Nos ha despertado en plena noche
cuando yo quería dormir.

Ha hecho salir corriendo a mis papás
y me he quedado sola con la abuela.

Hoy mis papás han vuelto del hospital,

pero es muy raro...

No estaban como siempre...

... y no han venido con mi hermanito.

¿Qué habrá pasado?

¿Se lo habrán quedado en el hospital?

¿Se habrá perdido?

¿No viene a casa porque no quiere ser mi hermano?

¿Y si alguien malo se lo ha llevado?

¿No le gustaba nuestra casa?

No paro de preguntar a mis papás y a los abuelos,

pero nadie dice nada.

Mis papás están muy
tristes, sobre todo mamá.
Cuando está sola, o con
papá, llora mucho.
Cuando está conmigo,
no, pero ya no quiere
jugar como antes.

¿Habré hecho algo malo?

Quizá esté enfadada conmigo...

Hoy he vuelto a preguntar a mamá:

«¿Dónde está mi hermanito?».

Me ha cogido bien fuerte entre sus brazos y me ha dicho:

«Tu hermanito murió, por eso no vino a casa».

Me he puesto muy triste porque ya no lo veré y tampoco seré la hermana mayor.

En el cole se lo he contado a la profesora,

a los compañeros y a mis amigos.

¡Les he dicho que he resuelto el misterio de mi hermano!

La profe me ha preguntado

cómo estoy;

yo estoy bien, pero a veces

me pongo triste.

¿Y si se muere alguien más?

Tomás dice que no existió
porque si no le habría visto.

Lucía dice que no es cierto, que solo
muere la gente muy muy muy mayor.

Sara dice que ya no seré
hermana mayor.

Todos ellos me hacen enfadar...

... pero con quien estoy muy muy muy enfadada
es con mis papás, los abuelos y mis tíos.

Nunca responden cuando les pregunto
cosas de mi hermanito.

¡¡¡Nunca quieren hablar de mi hermanito!!!

¡Es como si fuera un secreto!

¿¿¿Por qué nadie habla de mi hermano???

Yo vi como la barriga de mamá era cada día más grande.

Yo escuché su corazón
latiendo como un tambor.

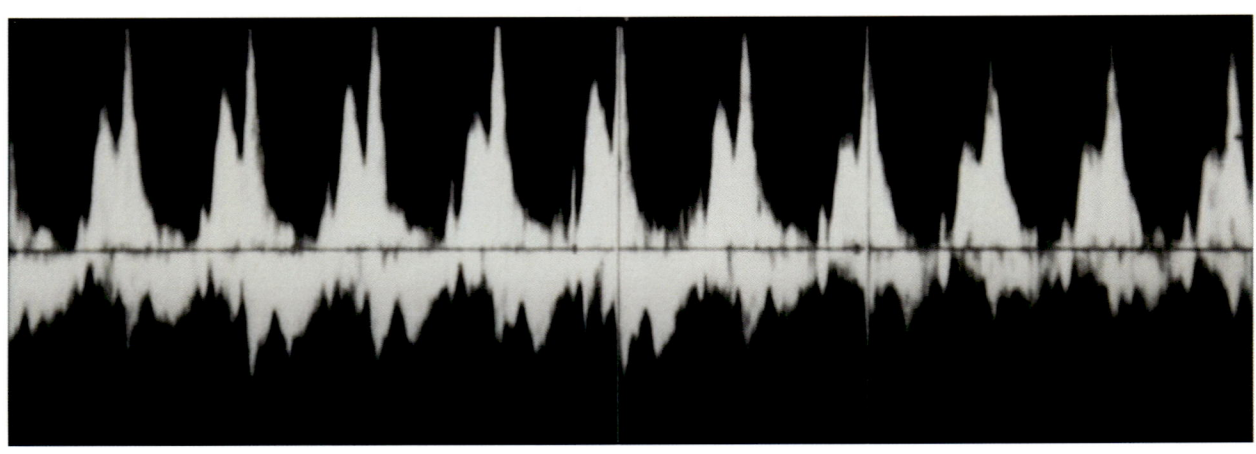

Yo noté cómo se movía dentro de la barriga de mamá. Era como jugar al pillapilla, pero sin vernos.

¡Yo ayudé a elegir su nombre!

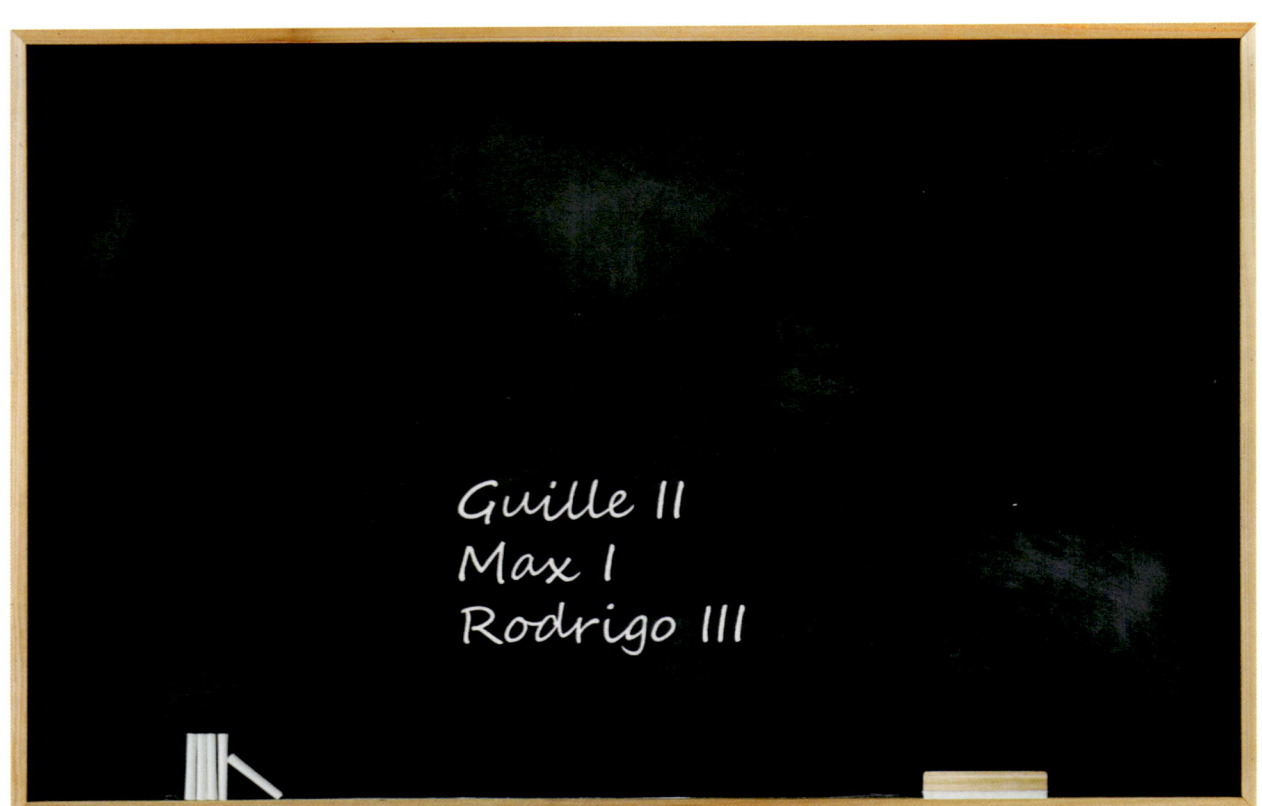

Yo acompañé a comprar algunas de sus cosas.

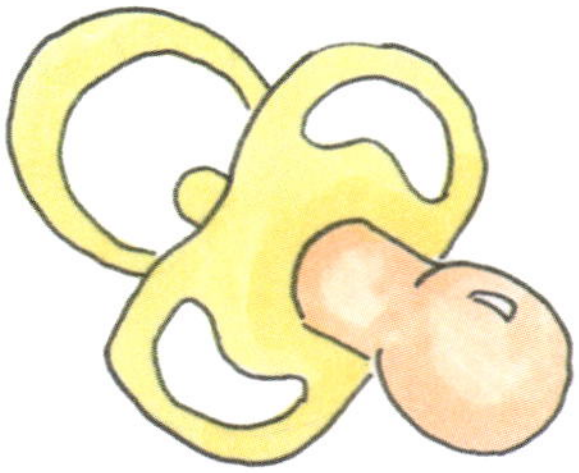

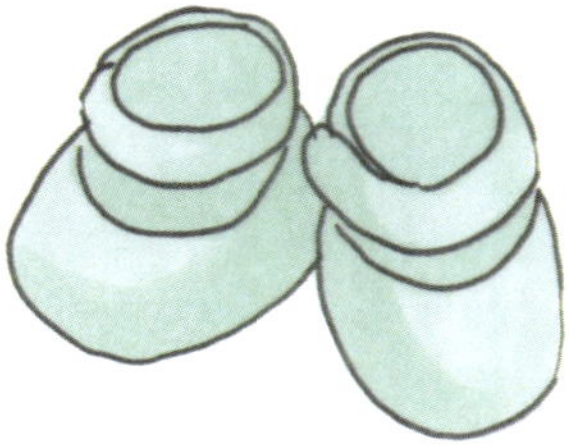

¡¡¡Ya sé qué ha pasado!!!

¡Como nadie ha hecho todo esto y tampoco
lo han visto, creen que no es verdad!

Y yo tengo la solución:

¡¡¡haré un dibujo donde salga!!!

Será como las fotos de familia
que tenemos en casa.
¡Saldremos todos!

Así, si la gente lo ve, me
creerán.

¿Cómo era?

No he visto fotos suyas, no sé ni si tenemos alguna.

Pero seguro que era como yo, ¡porque somos hermanos!

Le he enseñado el dibujo a mamá y qué cosas más raras...

No sé qué ha pasado, pero de golpe se ha puesto muy triste; ¡¡¡pero si me ha quedado muy bonito!!!

Dice que le ha gustado muchísimo y que he dibujado a mi hermanito tal y como era. Claro, le he dibujado como yo de pequeña.

De repente yo también me he puesto muy triste...
y le he contado un secreto a mamá:
«Tengo miedo de olvidarme de él.

Porque nunca le vi.
Porque nadie quiere hablar.
Porque todo el mundo
hace como si nunca hubiera
existido...
Y él fue de verdad, ¿no?».

«¡¡¡Claro que fue verdad!!!»,
me ha dicho abrazándome muy fuerte.

Dice que la gente no habla de mi hermano
porque no saben qué decir cuando pasan estas cosas.

Dice que a ella tampoco le gusta cuando nadie
la quiere escuchar hablar de mi hermanito.

Dice que un día podremos recordarlo sin ponernos tan tristes.

Y dice que no lo olvidaremos nunca:
porque recordaremos las cosas que vivimos juntos,
porque guardaremos todo el amor que sentimos
y porque nunca dejaremos de hablar de él.

Mamá ha cogido mi dibujo y lo ha puesto
donde todos lo puedan ver,
con las otras fotos de la familia.

Dice que al fin tiene el retrato que tanto quería,
porque ahora sí, ¡ya estamos todos!

El amor deja un recuerdo
que ni todos los silencios pueden borrar.

Primera edición: febrero 2024

Depósito legal: AL 45-2024

ISBN: 978-84-1061-409-3
Impresión y encuadernación: Editorial Círculo Rojo

© Del texto e ilustraciones: Ester Valls Martínez
© Maquetación y diseño: Equipo de Editorial Círculo Rojo

Editorial Círculo Rojo
www.editorialcirculorojo.com
info@editorialcirculorojo.com

Impreso en España - Printed in Spain

El papel utilizado para imprimir este libro es 100% libre de cloro y, por tanto, **ecológico**.